U0064186

三十六計 上

洋洋兔 編繪

新雅文化事業有限公司
www.sunya.com.hk

前言

《三十六計》又稱《三十六策》，是一部專論謀略的兵書。「三十六計」一語，最早見於《南齊書．王敬則傳》，而成書的準確年代和作者至今難以考證。

全書分勝戰計、敵戰計、攻戰計、混戰計、並戰計和敗戰計共六套計。前三套是處於優勢時所用，後三套是處於劣勢時所用。每套包含六計，總共三十六計。三十六計的計名，有的採自歷史典故，如圍魏救趙、暗度陳倉等；有的源自古兵書術語，如以逸待勞、聲東擊西等；有的出自古代詩句，如李代桃僵、擒賊擒王等；有的則借用成語，如金蟬脱殼、偷樑換柱等。《三十六計》堪稱「益智之薈萃，謀略之大成」，其中蘊含着豐富的哲理和無窮的智慧，不僅廣泛運用於軍事鬥爭中，也常用於政治、經濟、外交等方面，對於一個人如何走向成功也具有很好的啟示。

本書保留了《三十六計》原文，並提供詳盡通俗的解釋。此外，針對每一計的特點，本書精選了古代典型的戰例，用通俗流暢的故事情節，幽默精美的漫畫畫面，將其中的哲理和智慧凸顯出來，使讀者在輕鬆閱讀的同時，深刻領會《三十六計》中的超凡智慧。

致小讀者

親愛的小讀者們，也許沒有什麼比成為一名將軍更加讓你們興奮的了。但是要做一名將軍，你們就必須閱讀這部著作——《三十六計》。

《三十六計》是中國兵書的經典著作之一，雖然在明清時期才最終成書，但是作用卻不可低估，因為書中的每一條計策都是血與火錘煉成的經驗，是無數人用生命實踐和驗證過的。小朋友閱讀之後，能夠學習到面對強敵的勇氣和克敵制勝的智慧。

不過，現在小朋友要讀懂中國經典名著的原文還是太困難了，因此我們出版了一系列漫畫書。漫畫書是奉獻給孩子們最好的閱讀形式。在中國明朝的時候，有一個很有作為的大臣，為了教會一個小皇帝一些做皇帝的才能，就曾經為他編寫過一套類似於漫畫的圖書——《帝鑒圖説》。偉大的文學家魯迅先生小時候也曾經對一本漫畫形式的《山海經》愛不釋手。

除了《漫畫三十六計》系列外，我們還出版了《漫畫封神榜》系列、《漫畫西遊》系列和《漫畫三國》系列。將中國經典名著的精彩內容和生動的畫面相結合，相信你們一定能夠從中獲取很多。希望你們能夠從這些系列中，輕鬆認識經典名著。

目錄

第一套 勝戰計

第二套 敵戰計

第一套

勝戰計

❖ 第一計　瞞天過海

❖ 第二計　圍魏救趙

❖ 第三計　借刀殺人

❖ 第四計　以逸待勞

❖ 第五計　趁火打劫

❖ 第六計　聲東擊西

第一計

瞞天過海

❖【原文】備[①]周[②]則意怠[③]；常見則不疑。陰[④]在陽[⑤]之內，不在陽之對。太陽，太陰。

❖【解析】① 備：防備。② 周：周密、周到。③ 怠：鬆懈、懈怠。④ 陰：這裏指秘密謀略。⑤ 陽：這裏指公開的行為。

自以為防備得十分周密，鬥志就容易鬆懈，麻痹輕敵；對平時看慣了的事物，就容易忽略其中的可疑跡象。

❖【案例】南北朝後期，隋文帝想要一統天下，戰勝陳國，但陳國有長江天塹作為屏障。隋軍虛張聲勢，多次假裝進攻，等到陳軍勞累麻痹之時，才真正發動渡江戰，順利擊敗了陳國。

人物

隋朝著名將領，在攻滅陳國一戰中立下大功。

陳叔寶，南朝陳國皇帝，在位期間不理朝政，沉迷於娛樂，後被隋軍俘虜，病死於洛陽。

楊堅，隋朝的開國皇帝，他在位期間，成功地統一了中原，結束了南北朝百年分裂的局面。

西晉之後，中國經歷了漫長
而混亂的四分五裂時期。

那就先滅突厥，後滅陳國。

隋文帝在與突厥交戰期間，對南方的陳國採取了十分「友好」的策略。
將軍，我們又抓到了陳國的探子。
可惡的探子，每次都來擾亂國民，窺探軍機，應當殺掉。

不，放了他！再給他點銀兩做路費。
幸福！
隋

策略懂嗎？這是陛下制定的策略。
隋文帝擊敗突厥統一了北方，然後把矛頭轉向陳國……
隋
聖上，隋國探子多次縱火，燒毀我們的糧倉，大大消耗了我們的國力。
燒毀再建就好，沒什麼大不了的，隋軍只會小打小鬧而已。

不止這樣！每到播種季節，隋國就揚言要來進攻，弄得我們舉國上下都誤了農時。
聖上，隋軍真的圖謀不軌啊。

怕什麼？我們有長江天險相隔。

隋
隋

陳國與我們隔着一條長江，怎樣才能戰勝陳國呢？

這是個問題……

老臣有一計……

公元588年，隋文帝聽從高熲之計，派兵南下攻陳。
隋

陳

報……

什麼？
隋軍幾路大軍齊發，隨時可能渡江攻城！
召集全國軍隊，死守長江天險！
陛下，英明！

你去替我收拾行裝，準備隨時逃跑。
……

隋朝大隊人馬駐紮在長江北岸，與陳軍對峙。
來，隨我去江邊察看敵情！
隋軍連軍服顏色搭配也不對！

為了迷惑陳軍，每天都要大張旗鼓地假裝進攻一次。
明白，依計行事！
每次每人手拿兩面旗子，身上插三面。
大喊一百聲「衝啊！殺啊！」敲擊戰鼓兩個時辰！

衝啊！殺啊！
打、打過來了！
衝啊！
殺啊！
隋

陳
準備迎戰！
陳

怎麼又沒
動靜了？

什麼？只有
一條小船？
真是的，釣
魚還這麼大
聲勢。

害我們緊張了
半天。
原來隋軍是
虛張聲勢。

陛下，估計是
隋軍水上力量
不足，不敢輕
易進攻。
嗯，有
道理！
回去睡
覺！

衝啊！
殺啊！

隋軍又
來了！

準備迎戰！
他們撤了。
我受不了啦！一連半個月都是這樣！
衝啊！殺啊！

又來了。
聽說隋國的歌舞就是：「衝啊！殺啊！」
別理他們，來，繼續烤吧。

隋國水軍日夜進行操練，並且大造艦船。

殺！
快逃！
看招！
哎呀！
陳國滅亡。
好一個瞞天過海之計！

計謀解讀

隋文帝是一個有野心的皇帝，他為了一統中原花了很多心思。為了避免南北兩面同時作戰，隋文帝在對付突厥時，對陳國採用了「懷柔」政策，首先集中軍力擊敗突厥，統一了北方。

在對付有長江天險保護的陳國時，隋文帝採取了虛張聲勢、擾亂敵軍軍心的策略。隋國每天派出士兵假裝進攻，陳國軍隊真的以為敵軍來襲便立即整裝應戰，但隋國軍隊每次都在陳國軍隊到達之前便已經撤退。這種戰術不但吸引了陳國軍隊的注意力，也消磨了陳國軍隊的銳氣。隋國則在暗中操練水軍、製造艦船。當陳國軍隊已經不把隋軍的每天的佯攻當作一回事的時候，隋軍發起了總攻，一舉滅了陳國。

「瞞天過海」計，關鍵在於：

一、製造假象，迷惑麻痺敵人。

二、暗中部署，為進攻做準備。

三、虛實結合，找準進攻的時機。

第二計

圍魏救趙

❖【原文】共敵不如分敵①，敵陽不如敵陰②。

❖【解析】① 共敵、分敵：這裏指集中的敵人與分散的敵人。② 敵陽、敵陰：敵，攻打。陽：這裏指公開、正面、先發制人；陰：這裏指隱蔽、側面、後發制人。

攻打兵力集中的敵人，不如先使敵人兵力分散再進攻；與其出兵正面攻打敵人，不如攻擊其薄弱環節。

❖【案例】戰國時，魏國攻擊趙國的都城邯鄲，趙國向齊國求救。齊國軍師孫臏沒有直接前往趙國救援，而是猛攻魏國首都，逼魏軍回師自救，從而解除了邯鄲之圍。

人物

魏國大將，與孫臏是同學，率魏國大軍包圍趙國邯鄲，後遭齊軍伏擊兵敗自殺。

魏國第三代國君，在位期間重用龐涓為大將，被齊國打敗後，導致魏國實力大減。

戰國初期齊國名將，非常賞識孫臏的軍事韜略，向齊威王舉薦孫臏。

齊國國君，在位期間廣納賢才，使齊國強盛，居於「戰國七雄」之首。

孫武的後代，曾與龐涓為同窗，師從鬼谷子學習兵法，遭龐涓妒忌陷害，受到臏刑。

戰國時期，諸侯爭霸，征戰頻繁。衛國是魏國的保護國，趙國卻對它虎視眈眈……
報告……衛國被趙國攻佔了！
魏惠王
趙國太無恥了！趁我國國喪，佔我屬國。
給我出兵救衛國！
龐涓
大王，衛國不過彈丸之地，離趙國又近，不如直取趙都邯鄲。
一舉兩得。

有道理，給你戰車五百，精兵八萬，伐趙！
遵命。
公元前354年，魏國以龐涓為將，大舉攻趙。
趙國首都被包圍。
要想活命，開城投降！

來這麼多！這該
怎麼辦啊！
怎麼辦？怎
麼辦？怎麼
辦……
去齊國請救兵，
請不來就不要回
來！
你以為我
願意回來
啊……

齊國
齊威王
孫臏
田忌

啪！

這信寫得太……太感人了！
呼，嚇死我了……

打退魏軍，趙國願以地相贈。

打贏了真的還有禮物送啊？
禮物！

我願為將，去邯鄲拿禮物……
啊，不，去解邯鄲之圍。

田忌勇冠三軍，
但智謀不足，可
能會吃虧。

我願和
田將軍
同去。

有軍師同往我就放
心了，田忌你萬事
都要聽先生安排。

得令！

軍師啊，
我們是不
是走錯路
了？
沒有走錯。

這是去魏國的路呀，我們不是要去救趙國嗎？
不去趙國。

不去趙國怎麼救趙？一定要去趙國！

你忘了主公的話了嗎？
解趙國之圍啊！

是讓你萬事都要聽我的話！

等一下。
打仗就好比解繩結，必須慢慢找到接頭，否則越解越亂。

解繩和打仗有
什麼關係？

那就說勸架，想要讓雙方停
手，只能用嘴去勸說，千萬
不可以捲入去一起打。
參與其中又
會怎樣？

那就會變成混戰，
越戰越亂了！
有道理！

現在魏國的
精鋭部隊都
派了去攻打
趙國，國
內空虛。
我們大軍猛攻魏都大梁，
魏國危急，攻趙的魏軍必
然要回師自救，這就解了
趙國之圍。
崇拜！
偶像！
邯鄲城
齊國援軍來了！

糟了！眾將士聽令，準備拼死一戰！

喲，打仗呀？

啊？

我們路過而已，你們繼續啊。
什麼啊？

好，我們繼續！
趙成侯
龐涓

喂……
齊軍一路前往魏國都城。

明天就可以拿下趙國了。
幾天之後。
報告！齊國大軍包圍了我國都城大梁！

啊？他們不是説路過嗎？

是啊，就是路過這裏去打我國啊……

豈有
此理！
立刻退兵，
回國救援！
這天，魏軍長途跋涉，來到了桂陵，士兵都已疲備不堪。
快！
給我跑快點，就要到魏國了！
桂陵
啊！中埋伏了！
軍師真是神機妙算。
龐涓！看刀！
孫臏、田忌這一仗打得漂亮，既為趙國解了圍，又教訓了魏國，孫臏也因此揚名天下。

計謀解讀

「圍魏救趙」計的精彩之處，在於孫臏能看清事物之間的聯繫，避實就虛，抓住敵人的要害一擊即中。

魏軍圍攻趙國都城邯鄲，趙國迫不得已向齊國求援。齊王派出了大將田忌和孫臏，田忌原想直取邯鄲跟魏軍硬碰硬。當時魏軍的精鋭部隊幾乎都在邯鄲，孫臏認為硬碰硬損失太大，不如派兵攻打內部空虛的魏國都城大梁，當魏軍得知消息後，必定會回師自救。

田忌按孫臏的計策施行果然引回了魏軍，齊軍趁魏軍長途行軍疲憊不堪時，偷襲魏軍並大獲全勝，也解除了趙國之圍。

「圍魏救趙」計能夠順利實施的關鍵，在於孫臏分析出魏國的軍情，抓住其弱點，採用迂回的戰術，迫使敵人退兵回援。最後，敗了強敵。

第三計

❖【原文】敵已明，友未定，引友殺敵，不自出力。以《損》推演①。

❖【解析】① 以《損》推演：根據《損卦》「損下益上」「損陽益陰」的邏輯去推演。

敵方的情況已經明確，而友軍的態度還不明朗，這時應當設法引導友軍前去消滅敵人，自己的力量又可避免遭受損失。這是從《損卦》卦義的邏輯中推演出來的。

❖【案例】西周末年，鄭桓公想滅鄶國，但鄶國有太多的能臣良將。於是鄭桓公假造盟書，放出消息説鄶國的能臣們準備叛逃。鄶國國君信以為真，一怒之下殺光盟書上的文臣武將。當鄭國大軍壓境時，鄶國再也沒有能力抵擋外侵的人才了。

西周時期周宣王的弟弟，鄭國的開國君主，在犬戎入侵西周之時，與周幽王一起被殺於驪山之下。

西周鄶國國君，生性多疑，後成亡國之君。

西周末年，諸侯混戰，互相兼併。

誰敢擋
我路？
啪！
鄭國朝會
氣死我了！
我要伐郜！
郜國雖小，
能臣猛將卻
很多……
怕是打不
下來。

如果鄶國沒有那些能臣猛將就好了。
臣有一計……
於是，鄭桓公派人去打聽鄶國有哪些能臣猛將。
鄶國茶樓
快來參加「我心目中的鄶國能臣」有獎評選喔……
票
大王，這些人不是要造反吧，真讓人擔心。
這……
鄶君
搞到名單了，鄶國有本事的人都在上面了。
太好了！

你看！這個武將力大過人，橫掃千軍……
這個文臣能謀善斷……
這個武將百步穿楊。
來人，放消息出去，攻下鄶國後，這個名單上的人每人封賞城池一座！
國君，我們可拿不出這麼多城啊。

哈哈，到時候再說。

你去找些人來，我們來場自導自演的盟會。
用得着這麼投入嗎？

造假也得有三分真。

鄶國城外，鄭桓公
假造盟書，設下祭壇。
鄶國英雄們與我
在此結盟，合力
消滅鄶國！
歃血為盟，
天地為證！
啊！
當然，不然怎麼
騙得過那老奸巨
猾的鄶國國君。
你們怎麼不割
手指呢？
國君，
你來真
的？
真無聊。

盟誓大會結束後，鄭桓公把盟書埋於地下。
盟書還得我自己埋。
多在附近灑些雞血、燒過的紙灰等東西。
我倒要看看盟書裏究竟有什麼秘密。
盟書不在這
鄶君果然起了疑心，半夜去挖出盟書。
可惡，埋這麼深！
終於挖到了。
原來是他們！
把這上面的人全部給我砍了！

大王饒命！
大王你中計了！
想私通鄭國來謀害我，沒那麼容易！
鄭桓公得知鄶國中計後，立即率軍進攻鄶國。
我的血沒有白流啊！

鄭國大軍壓境，文臣出謀劃策，武將隨我出戰！
人呢？
昨天都被你殺光了。

……

鄭軍在沒有什麼抵抗的情況下，輕易滅掉了鄶國。

你卑鄙無恥，殺我能臣良將！
人是你殺的，我只是讓你拔出刀子而已。哈哈！

我真是鄶國的罪人啊。

誰？
大王，外面好多人要見你。

是盟書上大臣們的家屬……
按照盟約，你不是說每家封賞一座城嗎？什麼時候給？

計謀解讀

鄭桓公之所以能夠順利滅掉鄶國，是因為他成功地在敵人的內部製造了矛盾，讓他們自相殘殺，從而除掉了那些對自己有威脅的人。

「借刀殺人」計，點破玄機：

其一，善於利用或者製造敵人內部的矛盾，令敵人自相殘殺，達到取勝的目的。

其二，認真尋找可以利用的力量。因為選擇不好，會激化自己一方與敵人的矛盾；選擇錯誤，則會為自己多加一個敵人。

其三，挑撥友方與敵方進行正面衝突，自己無須動手就可以坐收漁人之利。

其四，防範此計需團結一切力量，避免被敵人分化；如果敵人已用此計，不妨反過來爭取對方的內部力量，打擊對方。

❖【原文】困敵之勢[1]，不以戰；損剛益柔。

❖【解析】① 勢：情勢、趨勢，這裏指軍事形勢。

以積極防禦牽制敵人，消耗敵人軍力，疲憊敵人精神，以柔制剛。

❖【案例】戰國末期，秦國橫掃六國，在攻打楚國時遇到了有力的抵抗。大將王翦避開楚軍的鋒芒，閉關不出；等到一年後，楚軍士氣耗盡、放鬆警惕時才大舉進攻，一戰功成。

人物

即秦始皇嬴政，在位期間消滅了其他六國，統一了中國，建立了中國第一個集權制的皇朝——秦朝。

戰國末期秦國大將，在消滅燕國中立下戰功，後領兵二十萬攻打楚國，被楚將項燕打敗。

秦國名將，出生於武將世家，率領秦軍滅六國的大功臣，曾率領六十萬大軍滅掉楚國。

戰國末期楚國名將，帶領楚軍與秦軍作戰，兵敗自殺。

戰國末期，秦國橫掃六國。
秦王
秦
秦國
秦
韓國投降，魏國被滅，下一個目標就是楚國。
你們認為攻下楚國需要多少兵馬？
李信
二十萬！

這人竟然搶
我鋒頭！
不可輕敵，至
少六十萬。
王翦

呵呵，王將軍真
是老了，怎麼害
怕成這樣？

大王，當初
李信曾領兵
數千，追擊
燕太子丹，
大破燕軍。
還是李信
厲害。
哈！
哈！

好！就派李
信率二十萬
人馬，起兵
滅楚。
是！

李信出征後，接連攻破了四座城池，捷報
傳到秦國。
秦

大王！我軍接連攻克數城，氣勢銳不可當。
你看，李將軍勇猛善戰，再多派人豈不是浪費軍力？
臣年老多病，懇請回鄉養老。

准奏。

不久，李信中了楚將項燕設下的埋伏，損失慘重。
楚軍來勢洶洶，我們傷亡慘重，抵擋不住了，快逃吧！
唉！

秦

大王恕罪。
損失了多少兵馬？

難道死光了？
沒有沒有，
才損失兩萬
而已。

「才」！

秦王無奈只好去請王翦。
老將軍療養
得還好嗎？
敗了？

還請老將軍不計前
嫌，出山破敵。

在秦王的再三央求下，王
翦率六十萬大軍伐楚。
此次出征，風險
極大，請大王賞
賜良田美宅。
將軍既已出
兵，打了勝
仗回來，還
需要怕窮
嗎？

我是想趁大王用臣之時，多為子孫置辦點田宅。
哈哈，好說。

王翦來到前線後，按兵不動，還多次派人向秦王要錢索地。

將軍五次派人向大王要錢要地，是不是太過分了？
秦王粗暴多疑，如今把全國兵馬交給我，必定對我不放心。我多求賞賜，可以打消秦王對我的懷疑。

將軍遠見卓識啊！
你們專心修築城池，不准貿然出戰！

楚軍前來叫陣了！
楚
項燕
王翦！你個膽小鬼，有本事出來與我們一決勝負！

項燕果然英勇，楚軍士氣也很旺盛。
戰或不戰，你也該應一聲啊！
耳塞
他剛才說什麼？
沒聽見……

一年後。
秦軍天天在幹什麼？
前天他們在唱歌跳舞，昨天在洗澡，今天好像是……
不用說了，一定是在燒烤！

一年了，我們還剩多少兵馬？
六十萬，一個都沒少。
你要多向王老將軍學學啊！
……
……
不過楚軍我也一個都沒殺。
楚營
看來這仗是打不成了。
休息。
你們在做什麼？都給我叫陣去！

都叫一年了，
對方不是都沒
反應嗎？
既然秦軍不
敢出戰，我
們撤。
咦？終於想
走了啊！
我們已經
養精蓄鋭
多時，現
在楚軍撤
退，正是
殺敵的好
時機。
怎麼都沒反應？
?
我們要殺出去
了！把耳朵裏
面的耳塞都拿
下來。
是！

殺啊！
糟了！秦軍殺出城了！快，掉頭，迎戰！

秦軍怎麼個個都如猛虎下山？
我們累了一年多，人家可是休養了一年多啊。

秦軍乘勝追擊，大破楚軍。
多虧王老將軍打敗了項燕，楚國已是我的囊中之物了。
不過，我們也不是沒有損失。

呵呵，損失了多少？

幾萬個耳塞。
……

滅楚後，秦王又用了兩年的時間滅掉燕國。秦王於公元前221年統一全國。
秦
秦

計謀解讀

王翦之所以輕易獲得勝利，完全是因為他不驕不躁，以防守的方式保存實力。楚軍持續叫陣一年，士兵天天處於備戰狀態，身心俱疲。王翦一直拒絕迎戰，閉門操練士兵。如此一來，在楚軍長久叫陣和秦軍持續操練的情況下，楚軍的士兵越發怠倦，而秦軍的實力卻越發強大。

直到最後，楚軍將領失去耐心命令撤軍。楚軍一整年來，天天叫陣都沒能打成這場戰爭，令士氣十分低迷。王翦正是看中了這一點，找準時機命令養精蓄銳了一年的秦軍追襲楚軍，所以輕而易舉地打敗了楚軍，滅了楚國。

「以逸待勞」計的關鍵在於耐心和掌握戰爭的主導權。作戰中，只要掌握了這兩樣法寶，那麼勝利就在眼前了。

第五計

趁火打劫

❖【原文】敵之害①大，就勢取利，剛決柔也②。

❖【解析】① 害：這裏指遇到嚴重災難，處於困難、危險的境地。② 剛決柔也：決，戰勝。乘剛強的優勢，果斷地戰勝柔弱的敵人。

敵人正面對艱難的處境，我方正好乘此有利時機進攻，以取得勝利。

❖【案例】東晉的謝石、謝玄帶兵抵抗前秦苻堅的侵略，取得戰鬥優勢後，他們派人在苻堅的部隊裏四處散布秦軍戰敗的謠言，使苻堅的軍隊自亂陣腳，不戰而敗。

人物

南北朝時期前秦君主，在位前期勵精圖治，後在攻打東晉的淝水之戰中戰敗，自此一蹶不振。

東晉著名將領，幫助晉軍在淝水之戰中打敗了虎視眈眈的苻堅。

東晉大將，組建了有名的「北府兵」，與謝石一起領導晉軍在淝水之戰中擊敗前秦。

東晉大將，曾被俘在前秦為官，但在淝水之戰時暗助東晉擊敗前秦。

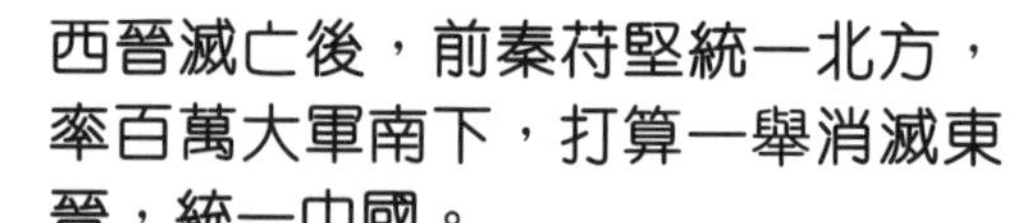
西晉滅亡後，前秦苻堅統一北方，
率百萬大軍南下，打算一舉消滅東
晉，統一中國。

秦
我百萬大軍，投鞭入江，足以讓它斷流！還滅不了東晉嗎？
哈哈！
苻堅
東晉派謝石、謝玄率八萬人馬迎戰。
晉
怎麼辦呀！
帥

八萬對百萬……
謝石
謝玄
拚了！

苻堅得知晉軍兵少糧缺，立即派原東晉降將朱序前去勸降。
招　降
朱序
我身為晉人，不願為前秦賣命，特來送信。
做得好！

秦軍雖有百萬之眾，但大部分還在進軍途中，如果全到了，晉軍將難以抵擋。
不如速戰，先擊潰淝水對岸的先頭部隊。
好，先勝一場亂其軍心。

到時我會在秦軍陣中放
火，與你們裏應外合。

多謝將軍！

兩軍隔淝水對陣。
秦
晉

招降不成，苻堅
積極備戰。

晉國的兵馬好
像也不少……
你看那山上！

山上樹木迎風搖曳，
好像有千軍萬馬。

晉國不是只
有幾萬軍隊
嗎……
怎麼漫山
遍野都是
晉軍……

快，死守淝
水，別讓他
們過來！
衝了幾次都過不去，要
是等苻堅的部隊都到齊
就不好辦了。
我倒是有
個辦法。
晉
東晉使者
你們要和我們晉國打仗，
卻又堵住淝水不讓我們過
河迎戰，這仗怎麼打？
這……

我們大都督說了，你要是不怕死，就命令軍隊後退，讓出戰場，讓我們過去，決一死戰！
好！那我就放你們過河來決戰！
大王，這是他們的計策啊！
這叫將計就計！
等他們渡河到一半時，我就派騎兵突襲，讓他們消失在河水裏！
大家聽着，拔寨起兵，後退十里！
不戰而退可是要自亂陣腳啊！
後退？難道戰敗了？得找機會偷走。

讓你們退就退！
不好了，大王發怒！
不是這種退法啊！
前秦士兵由不同民族組成，大多是被逼迫而來，都不願作戰，退兵令一下，情況就一發不可收拾。
他們果然亂了！
都給我站住！不准跑！

秦軍戰敗了，秦軍戰敗了！
大家快逃啊！
朱序，你！

果然戰敗了！
快跑！

全軍注意，
渡河衝殺！

晉

你們……給我
站住……
這次能破秦國百萬
大軍，多虧了朱將
軍煽風點火啊。
不用客氣，其實秦軍
內部本就有「火」，
我只乘機加了點柴，
讓它燒得更旺而已。

第六計

❖【原文】敵志亂萃[1]，不虞[2]，坤下兑上之象，利其不自主[3]而取之。

❖【解析】① 敵志亂萃：萃，野草叢生。意指敵人神志慌亂而且沮喪憔悴。② 不虞：未預料。③ 不自主：失去明確的進攻方向，不能自控地把握自己的前進方向和攻擊目標。

要利用敵人不能自主地把握前進方向的時機，向敵人發起進攻。聲東擊西，是忽東忽西，製造假象，引誘敵人做出錯誤判斷，然後乘機殲敵的策略。

❖【案例】楚漢爭霸時，韓信率軍進攻魏王豹所在的臨晉關。他虛張聲勢地造船，讓敵人以為他造船是為了要渡河進攻；他卻帶兵偷偷繞到上游魏軍人數較少的地方，把木頭和瓦罌綁在一起，做成筏子渡河，以迅雷不及掩耳之勢，向魏軍發動了進攻……

人物

平民出身，秦末大亂時與項羽一同起兵推翻秦朝暴政，然後又打敗項羽，建立西漢王朝。

少時嗜酒好飲，自稱「高陽酒徒」，投奔劉邦後，成為其手下一名謀士。

西漢大將，隨劉邦南征北戰，立下赫赫戰功。

西漢開國功臣，善於帶兵打仗，後受劉邦猜忌，以謀反罪名被誘殺。

秦末諸侯王，在楚漢之爭時，先投降劉邦，後叛歸項羽，反復無常。

秦王，楚漢爭霸，漢王劉邦被項羽殺得大敗，只得逃到滎陽。

我去踏平他！
我軍剛折損大半，還是先派人去勸降為上策。
韓信

我願憑三寸不爛之舌，前去説服魏王豹！
人才！
酈食其見到魏王豹後，反復說明利害，要他歸附漢王。
臨晉關
漢王不計前嫌。
劉邦把諸侯和臣下當作奴僕一樣，今天吵，明天罵，我可受不了！
魏王豹

你竟敢對漢王不敬！
他哪裏像個漢王，不就只是個流氓老大……
説夠了沒有！
少廢話！
劉邦見酈食其失敗回來，氣得七竅生煙，命韓信率十萬大軍渡河擊魏。
重兵封鎖渡口，防止漢軍渡河。一隻田雞也不許放上岸來！
韓信見臨晉關防守嚴密，決定聲東擊西。
將軍，對岸全是魏兵，只有上游夏陽一處魏兵較少，守備空虛。
機會來了。

灌嬰，你帶兵在此處大張旗鼓地造船。
將軍不是魏王豹的對手，千萬別找他單挑。

我才不會做那種事，你只要讓將士整日搖旗吶喊，但絕不可渡河攻擊！
遵命！

第二天韓信派人砍伐樹木，四處採購大號瓦罌。
大將軍要賣酒嗎？
買了幾千個，我也不知道他要做什麼。

韓信的工作室

終於完成了！

把幾十個瓦罌封住罌口，排成長方形，罌口朝下，罌底朝上，然後用繩子綁在一起，再用木頭夾住做成筏子。這樣載人多，而且製造方便。
漢
厲害！
讚！

以此為樣品，大量生產。
終於要打了嗎？

不是，你繼續造船迷惑魏軍，等我帶大部隊從夏陽渡河。

然後我們兩面夾擊，殺魏軍一個措手不及。
大將軍太厲害了！

筏子紮好之後，漢軍趁夜渡河。
臨晉關
呵呵，漢軍的船還沒做好呢。
你們就繼續叫吧，喊破喉嚨也過不來的。

大王，不好了！大批漢軍從夏陽渡河，已經攻下安邑，而且正向這裏殺過來！

上游的夏陽向來沒有船隻，難道漢軍是飛過河的？

上當了。快，跟我去回救安邑！

魏王豹走了，臨晉關空虛，渡河！
漢
漢
漢
灌嬰也率軍打過來了，他們兩路夾擊，我們腹背受敵！
漢
叛徒，哪裏逃！

我……再投降
漢王怎樣？
啊……只
有拚了！
你投不投降都要跟我
走，漢王和酈食其大
人都急着要見你呢。
你們讓我自行
了斷吧！

魏王豹，你
之前說我是
什麼來着？
……

我就讓你知道什麼
是流氓！

計謀解讀

韓信讓灌嬰在主要戰場迷惑敵人，自己就利用魏王豹用兵的漏洞，渡過黃河，進攻敵軍後背。他所用的計策，就是製造假象，引誘敵人做出錯誤判斷，然後再乘機殲敵的聲東擊西之計。這招對付疑心重的對手特別有效。

運用「聲東擊西」計關鍵在於：

其一，製造假象，讓敵人無法知道自己的真實意圖。

其二，以少量兵力誘使敵軍主力上當，把己方主力調到敵人疏漏之處，以優勢兵力進攻，殲滅敵人。

其三，對於意志不堅定的敵人來說，這招很容易奏效。如果對手意志非常堅強，可在「聲東」的同時「擊東」，打消其疑慮。

第二套 敵戰計

第七計

❖【原文】誑[1]也，非誑也，實其所誑[2]也。少陰[3]，太陰，太陽。

❖【解析】① 誑：欺騙，迷惑。② 實其所誑：讓對方把受騙的假象當成真象。③ 少陰，太陰，太陽：陰為虛假的行動，陽為真實的行動；意指以各種大大小小的假象，掩護背後真實的目的或行動。

用虛假情況迷惑敵人，但此虛假又不完全是虛假，虛實結合，目的是為了蒙騙敵人。當敵人放鬆警惕時，把假象變成真實的進攻，從而一舉獲勝。

❖【案例】安史之亂時，叛軍將領令狐潮奉安祿山之命，領兵前去攻打雍丘。守衛雍丘的將領張巡無箭可用，他先以草人吊下城牆，騙來敵軍的箭；又在敵軍對草人完全不抱戒心之際，吊下了真正的士兵……

人物

唐朝「安史之亂」時期的著名將領，帶領少數唐軍多次擊退叛軍的進攻。

唐玄宗時的藩鎮將領，與部下史思明一起發動了著名的「安史之亂」。

原為唐朝官員，後投降安祿山，帶領叛軍與張巡多次對戰。

唐玄宗時，安祿山舉兵叛唐，命令手下令狐潮率軍四萬攻取雍丘城。
安祿山
四萬？雍丘守軍不過數千人而已啊。
我聽說張巡很善於用兵，你千萬不能大意。
是。

不要讓叛軍
踏上城牆半
步！
張巡
弓箭手！
在！

噹！
箭早就用完了。
你怎麼用肉搏？

快！把灌了
膏油的草捆
拿過來！

呼

叛軍終於退
了……呼……

沒有箭，這城早晚
要被攻破。

箭嗎……
有了！

去軍中搜集乾草，
紮一千個草人，然
後套上你們的戰
服。

唐軍偷襲了！
他們用繩子吊着順城而下！
放箭！別讓他們下來！
噗！
這就算是張巡的計嗎？
他們都不動了。
令狐潮

命還真硬，
繼續射！
啊，不好了，他們
又動了！
快，拉上來。
好重！
嘩！
足足有上萬枝箭！
今天一定要把
雍丘拿下！
他們不是
沒有箭了
嗎？

這可是我們的箭啊……
這麼說，昨天晚上的那些人……中計了！

今晚繼續。
再去吊草人？叛軍不會再上當吧？

放心吧，叛軍也沒有餘箭啊，呵呵！
不，吊真人下去。
那會變成箭豬的。
選五百名勇士趁夜偷襲！

不好了！他們又吊那些草人下來了！
怕什麼，張巡真是把我們當傻子看了。

那就不理他們了？

不。
還想來騙箭！
大家都回去
洗個澡然後
睡吧。
殺啊！
這麼逼真的
草人？還自
帶音效？
是真人……
令狐潮大敗而逃，唐軍繼續
追擊十餘里，擒獲叛將十四人。
是誰向
我扔石
頭的？

計謀解讀

張巡用草人向叛軍「借」箭的行為，跟三國時期諸葛亮的草船借箭有異曲同工之妙，都是利用了敵人多疑的性格和天氣的便利。張巡讓士兵給草人套上士兵的衣服，借着夜色從城牆上放下。此時天色已暗，敵軍無法判斷從城牆上下來的是真正的士兵還是草人，只好採用遠程攻擊方式——放箭。因此正中張巡下懷，僅僅一晚張巡就補足了己方不足的箭矢。

三國時期諸葛亮的草船借箭也同樣利用了這兩點，諸葛亮根據曹操多疑的性格和大霧天氣用草船誘使敵人進攻，僅僅三天就「借」了十萬隻箭矢。

通過以上兩個實例，我們總結出了實施「無中生有」計的方法。

一、必須掌握敵方軍情。

二、用誘導的方式讓敵方「主動」奉上己方所需。

暗度陳倉

❖【原文】示①之以動，利其靜而有主，益②動而巽。

❖【解析】① 示：顯示，讓人看見。② 益：卦名，六十四卦中第四十二卦。

假裝從正面進攻，故意暴露我方的行動，在敵人主力對付佯攻時，另以主要的軍事行動攻擊敵人不加防備的空虛之處。乘虛而入，攻其不備，出奇制勝。

❖【案例】項羽分封天下，把劉邦「封」在易於看管的漢中。劉邦為了讓項羽相信自己沒有謀反之意，燒毀了通行用的棧道。積累足夠的實力後，劉邦明着派人修理棧道，吸引守軍的注意；背地裏派大軍繞路突襲，攻入關中佔領陳倉，令項羽措手不及……

人物

秦末農民起義的領袖，滅秦後自立為西楚霸王，與劉邦交戰兵敗後自殺。

出身於平民，秦末大亂時與項羽等人一同起兵推翻秦朝，後又打敗項羽，建立西漢。

秦末秦國將領，鉅鹿之戰被項羽打敗後，向項羽投降。

出身貧寒，原以屠狗為生，後隨劉邦起義，以勇武著稱。

秦朝末年，羣雄並起。劉邦率先攻入關中，秦朝滅亡。後由項羽分封天下。

項羽自封為西楚霸王，封地九郡。

樊噲，你帶人把後面的棧道全部燒掉。
什麼？

燒掉棧道，一來防範其他諸侯偷襲，二來讓項羽放鬆戒備。

棧道：在險峻的懸崖上用木材架設的通道。

劉邦到了南鄭，發現部下有一位才能出眾的軍事家，那就是韓信。
嗯，我們已經養精蓄鋭，現在就殺回去！
欲奪天下，先取關中。
韓信

發兵在即，有勞樊將軍帶人去把棧道修一下。
棧道長五百里，工程浩大，請給我一萬人，一年內可修好。

給你五百人，限一個月內修好。
那怎麼可能！你是不是存心要為難我？

棧道是你燒的，你自己去想辦法。
又不是我要燒的！
樊將軍，來修路啊？
……

難道你想責怪漢王？
不敢……

咚！

別煩我！
好大的殺氣！

聽說漢軍正在修路，準備殺入關中，我們特來守住棧道。
不用了，你們自己看吧。

修得這麼慢，什麼時候
才能修好？

按照他們這種進度，
沒三年也完成不了！
也說得
對……

來，吃
肉。
我已經把重兵
調到此處，又派了
探子嚴密監視，萬
無一失。

樊將軍累不累？
要吃個豬蹄嗎？
你們別落在
我手裏！

哈哈哈！

此時，劉邦與韓信率領主力部隊，從小路快速奔襲陳倉；而關中守軍大都仍留守在棧道這邊。
不好了，劉邦主力暗抄小路，攻入關中，陳倉被佔，守將被殺！
上當了！快，全軍回撤，援救陳倉。

大戰，章邯兵敗。

快撤，漢軍
太厲害了！
殺啊！
快跑！
我們無路
可退了。
啊！
我們還是
投降吧？
忘了我們是怎樣刺激
樊噲了嗎？我們要是
落在他手裏……

那我們只
好……
嗯！

只好拚死
一戰了！
只好一走
了之了！

那個傻子跳下
去了？

此後不到三個月，關中地區全部被劉邦佔領。
……
啊！

那條棧道還
要修嗎？
我們願意歸
順漢王！

自此，關中成為劉邦打敗項羽、奪取天下的根據地。
韓信妙計啊。
哼！

計謀解讀

劉邦的「暗度陳倉」計之所以能順利施行，是因為韓信表面上派兵修復棧道，裝出要從棧道進攻的樣子，吸引了章邯的注意。章邯斷定修復棧道絕非易事，所以對其毫無戒備。實際上劉邦和韓信早已率領主力部隊，暗中抄小路偷襲了陳倉。

韓信採用一明一暗、以明掩暗的計謀，取得了奪取關中的重大勝利。

使用「暗度陳倉」計需要注意的問題是：

其一，需要先以「明修棧道」來吸引敵方的注意力。

其二，暗中採取迂回的方式突襲敵軍。

第九計

❖【原文】陽乖序亂，陰以待逆①。暴戾恣睢②，其勢自斃。順以動豫，豫順以動。

❖【解析】① 陽乖序亂，陰以待逆：陽，公開的、表面化。乖：分裂瓦解、離散、不協調。陰，暗地裏。逆：混亂、暴亂。② 暴戾恣睢：暴戾，窮兇極惡。

當敵方內部出現非常激烈的矛盾時，我方應靜觀以待。等到敵方自相殘殺之時，我方再伺機而動，順勢而為，乘機取利。

❖【案例】東漢末年，曹操與袁紹爭霸時，袁紹被曹操打敗。袁紹的幾個兒子為爭奪權力而互相爭鬥，其中兩個兒子逃到烏桓，隨後又投奔了遼東太守公孫康。曹操沒有直接攻打遼東，而是按兵不動。公孫康見曹操「無意」與自己為敵後，殺了袁氏兄弟，獻上首級。曹操不費吹灰之力，既殺了二袁，又得了遼東。

人物

袁尚

袁紹的第三子，最受袁紹偏愛，被曹操打敗後投奔遼東公孫康，被公孫康所殺。

公孫康

東漢末年遼東太守。

曹操

三國中魏國的實際開創者，在位時未稱帝，後被其子曹丕追封為「魏武帝」。

袁熙

袁紹的第二子，與袁尚一同投奔公孫康，被公孫康所殺。

東漢末年，袁氏兄弟為躲避
曹操追殺，逃到了烏桓。
袁熙
袁尚
好的好的，
你們就留下
吧。
烏桓王
現在安全了！
曹
公元207年，曹操決定要徹底
殲滅袁氏兄弟，出兵滅了烏桓。

快說，他們逃去哪裏了？
我不知道！

那兩兄弟真的把我害得很慘。

哥，烏桓被滅了，我們還能去哪裏？
遼東太守公孫康實力雄厚，我們去投靠他吧。
二袁在混戰中逃出。

然後找個機會，把公孫康滅了，奪去他的兵馬、　土地……
嘿嘿……

遼東

如果收留二袁，必有後患，而且肯定會得罪實力強大的曹操。
如果不收留二袁，日後曹操攻來，我勢單力薄無法抵抗的……
而且他們心術不正……
如果……
如果……
公孫康

公孫太守不要滿懷敵意嘛。
我們是來投奔的。
你們不是乘機來奪取我遼東的吧？
絕對不是啊！
嘩！
噹！
這是防身用的。
呼！嚇死我了。
如今曹操才是我們共同的仇敵。
你們帶了多少人來？若是突然起兵反我……
只有我們兩個人，怎麼可能反得了啊？
不過我們袁家的人氣還在，可以組織反曹勢力，協助太守。

曹操佔了河北諸地，北面就只剩下太守你孤軍奮戰了。
他的大軍正要來攻打遼東。
啊？

現在只有我們聯手，才有一線生機！
那我們就先一起抵抗曹操。

嘿嘿，擊退了曹操，就有機會東山再起了！
嘿嘿，我們袁家早晚會奪取天下的！
還敢說沒有野心！

曹軍諸將建議乘勝追擊，捉拿二袁，並趁機會平服遼東……
請讓我帶兵出征！
嗯……
曹操
大將
曹

不可！傳令全軍，班師回許昌！
追了這麼遠，難道就這樣放過他們兩個？
二袁躲在遼東，遲早是我後方的心腹大患啊！

你們等着看吧，不用等多久，自然有人會把二袁的首級送來給我。

遼東
什麼？曹操退兵了？
曹操說他並無進攻遼東的意思。
謀士

呼！嚇死我了，害我白緊張了半天。
你們說曹操為何退兵？
這是曹丞相尊敬你，不願意與你為敵。

這樣啊，那我們是不是也得有所表示呢？

幾日後。
只知道在這裏
白吃白喝。
還亂扔
垃圾！

太守怎麼突然
要請客呢？
為的是向
二位告別。

太守要去哪裏？

遼東在北方已是
孤立無援，我打
算投降曹操。

你們的打算呢？
沒所謂啦，太守要降，我們同去便是。
那就太好了，沒有你們，我還真不好意思去呢。
為什麼？
用你們的首級當見面禮，曹操一定接受！

快跑！
滑！
咚！
跟你説多少次了，吃剩的東西別亂……
曹操府
丞相果然神機妙算！
公孫康送上袁氏兄弟的首級前來歸降！
曹操沒費一兵一卒，憑一招隔岸觀火之計，既殺了二袁，又收了遼東。
我急於進攻，他們一定合力抵抗，我們退兵，他們就肯定會火併。
公孫康向來懼怕袁氏吞併他，二袁上門，他必定猜疑。

計謀解讀

隔岸觀火的道理和「鷸蚌相爭，漁人得利」的道理是一樣的，都是靜觀敵人互相鬥爭，然後在適當的時機坐收其利。

就如在曹操打敗了袁紹之後，原本可以乘勝追擊，但他卻停了下來，以一個旁觀者的姿態看着袁紹的幾個兒子為了權力而互相爭鬥。因為若曹操此時再次發起進攻，袁紹的幾個兒子一定會聯合起來對付他，所以不如等他們自相殘殺，實力削弱後再出手摘取勝利果實。這樣損失更小，獲利更大。

但此計實施起來一定要防止急躁，因為如果第三方過早介入，會促使原本鬥爭的雙方暫時聯合起來共同對敵，這就得不償失了。

❖【原文】信而安之，陰[1]以圖[2]之；備而後動，勿使有變。剛中柔外也[3]。

❖【解析】① 陰：暗地裏。② 圖：圖謀。③ 剛中柔外也：表面上軟弱，內心卻很強硬。

要想方設法取信於敵人，使其放鬆警惕，從而疏於防備。而暗中則要充分做好備戰工作，而且不讓敵人有所察覺，然後再採取行動。

❖【案例】戰國時，商鞅攻打魏國，敵方主將正是他當年的好朋友公子昂。商鞅給公子昂寫信，説希望他念及舊情，兩國罷兵，訂立和約。公子昂表示同意。隨後商鞅又提出正式會談，公子昂毫不懷疑老朋友，放心應邀前往，結果被商鞅的伏兵一舉抓獲。

人物

魏國公子，為人正直，具有才氣，與商鞅曾是朋友。

又稱衛鞅、公孫鞅，先秦法家代表人物，得到秦孝公的賞識，進行著名的「商鞅變法」。

戰國時期，秦國派商鞅攻打魏國。
商鞅
秦
前面就是魏國的吳城了。
吳城城牆堅固，大家小心！
秦

進攻。
進攻。
嘩！

……
……
好厲害的機關！快撤退！
公子昂
哈欠……
又有不怕死的
來攻城了？

秦

將軍，已經打探清楚吴城守將，是公子昂。
吴城工事堅固，看來不能正面進攻。
回去怎樣向主公交代啊？

公子昂？是我的故人啊，當年我請他吃過飯、打過獵。

來，把這封信送去吴城交給他！

還讓我去……

吴城
原來是商鞅啊。

將軍希望你能念及舊情，兩國罷兵，訂立和約。他答應先退兵。
是啊，這樣僵持下去對誰都不好，我也正有此意。

秦軍退兵了！

看來他真的有誠意，我就回信給他約定會談時間。
秦軍真的退兵了……
戰場無情，當心有詐啊。

不用擔心！再說我多帶些隨從去就是了。

好，他定時間，我定地點！

真的要
議和嗎？
這個嘛……
公子昂！
商鞅！

太掛念你了！
似水流年啊！
這些年來我對你思念到廢寢忘餐、肝腸寸斷啊！
不急着談兵事，我們先敍敍昔日友情！
好，我先敬你一杯！
來！

想當年，我們還年輕，一起下河捉魚，一起狩獵。

你帶這麼多人來，是信不過我嗎？
不敢，不敢！

快，都把武器放下！
是！
是！

來，大家都坐下，一起喝！
還是老朋友好說話。

你挑的地方風景真不錯。

沒錯，你看這瀑布、這樹林，都是設下埋伏的好地方啊。
是啊，是啊。

都拿下！

混戰過後……
我們各為其主，你也別怪我不念舊情了。
哼，你就算抓了我，也休想奪下吳城，我們有機關……
原來你一直在演戲！欺騙我的感情啊！
是嗎？

機關

快把機關都關了！

商鞅俘虜了公子昂等人，一舉佔領了吳城。
攻城！

你們現在也可以求和啊，但得割讓河西一帶給我們秦國。
我交友不慎啊！

計謀解讀

戰場無情，公子昂的失敗就在於他理所當然地以為商鞅會念在他們昔日的情分，而不會加害於他。但此時他們已經各為其主、立場不同，又有什麼情分可談呢？

俗話説得好：害人之心不可有，防人之心不可無。朋友之間應以誠相待，但是也不能毫無防備，讓自己的坦誠被別人利用。

運用「笑裏藏刀」計的關鍵在於：

其一，需要使用欺騙、偽裝等手段麻痹對手，讓對手放鬆警惕。

其二，在對方放鬆警惕之時發起突襲，出奇制勝。

此計正是一種表面友善而暗藏殺機的計謀。

第十一計

李代桃僵

❖【原文】勢必有損，損陰以益陽①。

❖【解析】① 損陰以益陽：陰，這裏指局部的利益。陽，這裏指全局的利益。

當局勢發展到必須要作出某種犧牲時，就要捨棄局部利益，用小的代價，換取大的勝利。

❖【案例】戰國後期，為了抵禦匈奴，趙國大將李牧鎮守北部門戶雁門關。李牧派若干軍民出城放牧，誘使匈奴進攻，隨後又假裝敗走拋下若干軍民和物資，誘使匈奴大軍前來，然後左右包抄，一舉將來犯之敵殲滅。

人物

戰國時期趙國國君，在位期間國內名將眾多，軍事實力強大，但他用人不當，導致趙國衰落。

戰國時期趙國名將，前期在趙國北部邊境抵禦匈奴，後期率兵抵禦秦國。

戰國後期，趙國常受
匈奴侵擾，於是趙王
派大將李牧帶兵抵禦
匈奴。
趙孝成王
李牧
眾將士守關辛
苦，先好好飽
餐一頓吧。
吃飽了就要
去和匈奴決
戰嗎？
匈奴騎兵太厲害了，
不想去送死啊！

堅守就可以了！
太好了！
趙國守軍換了將領，怎麼反而沒有動作呢？
李牧整天犒賞士兵，一定是想先提升士氣再和我們決戰。

既然這樣，我們就等着和他們交戰吧！

幾年後，李牧部隊變得兵強……

馬壯……

李牧一直不敢出城征戰，估計是因為他膽小！
好久沒去掠取他們的牲畜財物了，真懷念啊……

哼哼，現在到了和匈奴決戰的時候了。
跑得快的站出來。

你們裝成是牧民的樣子，出城去放牧，然後……

有牧民在放牧！

多少人？
兩千頭牛，
一千頭羊！
……
嘩，好多送
上門的烤肉
啊！
送上門來的東西
不能不要！
他們來了！
快走吧！

兄弟們不要
客氣，搶啊！
這麼輕易就丟下
牲畜跑了……膽
小鬼。
漢人膽小怕事，
卻佔着這麼肥的
牛羊。
我們乾脆一舉拿
下趙國，兄弟們
今後再也不用過
遊牧的日子了。
好！

幾千頭牲畜就這麼被他們搶去，大家有什麼感受？
我們鍋裏的肉，怎樣能就這麼便宜了他們！

他們現在得寸進尺，要來進攻。

打敗匈奴，奪回烤肉！

好！他們蜂擁而來毫無組織，我們兵分兩路左右包抄……

原來將軍長期堅守還放棄牛羊，都是為了讓他們輕敵冒進啊！

趙

對
李牧
戰鬥力
520
戰鬥力
250
匈奴
衝啊！

他們什麼時候
變得這麼精
壯勇敢？
吃烤肉果然
見效！

「李代桃僵」計作為一個策略，其運用的意義在於犧牲小部分的利益，以換得整體的勝利。李牧的計策十分高明，他雖然也是使用「李代桃僵」計，但他所捨棄的利益，不是將士的生命，而只是一些牛羊。他派人裝作放牧，雖然丟棄了牛羊，但保全了士兵的生命。最後既戰勝匈奴獲得成功，又能把損失降到最小。

第十二計

順手牽羊

❖【原文】微隙在所必乘，微利在所必得①。少陰，少陽②。

❖【解析】① 微隙、微利：指微小的間隙、微不足道的利益。② 少陰，少陽：陰，指疏忽、過失；陽，指勝利、成就。

敵人出現微小的漏洞，也必須及時利用，以使其變為我方可圖的戰果。

❖【案例】春秋時，息國國君與蔡國國君產生了一些矛盾。於是息侯請楚王假裝攻打息國，請蔡侯帶兵來救，屆時一舉可將蔡侯拿下。楚王一口答應了。沒想到，楚王捉住蔡侯後沒有馬上班師回朝，而是順便滅了息國，還俘虜了息國的王后。

人物

春秋時期陳國公主，原是息侯夫人，因其貌美引發一場戰爭。

息國國君，因蔡侯對自己的妻子不敬而請楚王幫助伐蔡。

蔡國國君，因對息夫人不敬，被息侯與楚文王設計俘虜至楚。

楚國國君，幫助息國攻打蔡國，後又搶走息夫人。

春秋時期，息國國君娶得絕世美女，蔡國國君羨慕不已……

大婚當天
你就嫌棄
人家嗎？
一對親姐妹，
差距又會這麼
大？
性格差
距也好
大！

我姐姐哪
裏配不上
你了？

小姨連生氣
的樣子都這
麼美……

咚！

你竟敢調戲我妹妹，不怕妹夫向你報復嗎？

我蔡國比他息國強大很多，我還用怕他？

你真是無所畏懼嗎？
啊……我怕了你了！

息媯回到息國後……
蔡侯欺負我們。
夫人受了委屈，我一定要滅了蔡國！

楚國

楚國可以假裝進攻息國，等蔡侯帶兵來救時，就可以輕鬆把他拿下！
要我出兵攻打蔡國？

好計，到時蔡國土地要怎麼分？
全歸你，我只要蔡侯一人！

好！一言為定！

楚國攻息，我妹妹有危險，你快發兵啊！
正好，借機去再去見見小姨……

楚軍在哪裏？在哪裏？
息

在這裏！
楚軍怎麼和息
軍在一起？
全部拿
下！
上當了！
我們一場
親戚，你
竟然不顧
情面加害
於我！
是你調戲我
夫人在先！
那算什麼，我的
夫人送給你都
可以！
那樣的還是你
自己留着吧！

你抓了我，蔡國將士是不會放過你的。

是嗎？

你的將士早已經開城投降了。

你！是你開的城門？
哼，誰讓你調戲我妹妹。
你們為了一個女人，值得嗎？

值得。
相當值得。
女人？

沒錯，他的夫人可是個傾國傾城的超級大美女啊。
不用加這麼多形容詞吧！

不可能吧，他夫人不是她妹妹嗎？
要你管！

這次取勝太容易了，沒練到兵，我想帶人去你國巡獵幾天。
這……好吧。

恭喜夫君得勝歸來。

我現在才知道什麼叫美麗！
哎呀，夫人，你不可以出來的呀！

慢着，我軍遠道而來，你怎麼也不設宴招待一下？就讓她一起怎樣？
我就不陪你打獵了。

有什麼不可以的？你不是讓我去狩獵嗎？她現在就是我的獵物了！
她是我夫人啊，怎麼可以？
我不怕跟蔡侯翻臉，也不會怕跟你翻臉！

好，那我們來打一場，贏的就可以娶她為妻。
我早就娶過了！
好不容易到了這裏，怎麼有退兵的道理？既然這樣，乾脆就把你息國也滅了。

我真是引狼
入室，咎由
自取啊！

求你不要殺他，我願
意……做你夫人。
夫人……
不要啊！

哈哈哈哈，我這
次出兵可真是大
豐收啊。

楚文王運用「順手牽
羊」之計，滅了息國，佔領
了蔡國，還奪得了美人。
美的便讓
是惹全國
都麗禍，宜楚佔
了！

計謀解讀

楚文王利用息國和蔡國之間的矛盾，先出兵俘虜了蔡侯，隨後又領兵進入息國。息侯以為楚文王是來進行友好訪問的，盛情款待。結果，文王突然動武，滅掉了息國，奪得了美人。

「順手牽羊」之計是瞄準敵方出現的漏洞，抓住其弱點，乘虛而入獲取勝利的謀略。

作為一種計謀，「順手牽羊」通常不是等「羊」自動送上門來，而是着意捕捉敵方的疏忽，或誘使敵方出現漏洞，並進一步利用該漏洞，從而使自己「牽羊」時可以更「順手」。

在各種鬥爭，特別是在戰爭中，敵方的疏漏往往是己方的機會，要取得戰爭的勝利，就一定要善於利用對手的疏漏。

所以說，「順手牽羊」成功的關鍵，是能及時發現並利用敵方的漏洞。

漫畫三十六計（上）

編　　繪：洋洋兔
責任編輯：劉紀均
美術設計：陳雅琳
出　　版：新雅文化事業有限公司
　　　　　香港英皇道 499 號北角工業大廈 18 樓
　　　　　電話：（852）2138 7998
　　　　　傳真：（852）2597 4003
　　　　　網址：http://www.sunya.com.hk
　　　　　電郵：marketing@sunya.com.hk
發　　行：香港聯合書刊物流有限公司
　　　　　香港荃灣德士古道220-248號荃灣工業中心16樓
　　　　　電話：（852）2150 2100
　　　　　傳真：（852）2407 3062
　　　　　電郵：info@suplogistics.com.hk
印　　刷：中華商務彩色印刷有限公司
　　　　　香港新界大埔汀麗路 36 號
版　　次：二〇二〇年八月初版
　　　　　二〇二四年一月第四次印刷

ISBN: 978-962-08-7567-0

18/F, North Point Industrial Building, 499 King's Road, Hong Kong
Published in Hong Kong SAR, China
Printed in China